COMO TRABAJAR DESDE CASA SIENDO MAMA

HAZ TU TRABAJO DESDE LA COMODIDAD DE TU HOGAR, APRENDE TODO LO QUE TIENES QUE HACER PARA LLEVAR TU OFICINA A TU HABITACIÓN

Jessy M. Brown

Índice

Introducción

No importa si estás harta de trabajar fuera de casa o si estás lista para ganar dinero extra, las oportunidades disponibles para las madres que trabajan en casa pueden resultar increíbles.

Si te estás conteniendo por miedo a que tus habilidades no se perfeccionen lo suficiente como para convertir tus sueños en realidad, ¡relájate! Incluso las mujeres que carecen de títulos o de "habilidades profesionales" de alto precio encontrarán que hay muchas opciones para lanzar negocios lucrativos desde el hogar. También es posible conseguir trabajos reales de personal trabajando para otros fuera de una oficina en casa. El teletrabajo se está volviendo más común de lo que se imagina. Es posible que incluso pueda firmar como trabajador contratado o autónomo en empresas de todo el mundo.

La verdad es que no es necesario tener una habilidad específica para trabajar en casa. Hay soluciones para superar casi todos los obstáculos que se interponen en su camino. No hay razón para desanimarse!

Sumergirse en la perspectiva de trabajar en casa puede ser una decisión increíble para usted y toda su familia. Sin embargo, es necesario examinarlo detenidamente. Trabajar en casa puede ser una experiencia maravillosa, pero no es para todos.

En este libro, discutiremos las cosas que usted necesitará considerar para tener éxito en ello. Hay algunas maneras de saber si trabajar en casa realmente se adapta a tu estilo y algunos beneficios y peligros que es inteligente explorar antes de seguir adelante para comenzar una carrera en casa.

Aunque se presentarán obstáculos -

especialmente para las madres ocupadas con horarios agitados - hay maneras de aplastar a casi todas ellas. Hay técnicas, consejos e ideas para enfrentar la adversidad de frente y ganar que pueden ayudar a ponerlo en el camino hacia el éxito.

Una de las claves del éxito de una empresa en casa es seleccionar el campo adecuado para trabajar. Sin embargo, las oportunidades pueden ser un poco asombrosas. Explorar todas las opciones cuidadosamente y cómo podrían encajar en el estilo de vida personal debe ser una prioridad absoluta antes de seleccionar el camino a seguir.

No importa si estás planeando convertirte en un emprendedor de algún tipo o si quieres trabajar como freelance, también hay algunas cosas que debes tener en cuenta. Desde obtener la capacitación necesaria y encontrar trabajo hasta cómo establecer una oficina en casa, discutiremos lo que necesita saber para convertir sus sueños de trabajar en casa en realidad.

¿Cómo saber si trabajar desde casa es para mí?

Te encanta la idea de poder trabajar en casa y te gusta la idea de pasar más tiempo con la familia, pero no estás seguro de que este sea el camino correcto para ti. No te preocupes, no estás solo en tus dudas. Casi todas las mujeres que han iniciado una carrera exitosa en el hogar se han enfrentado a ellas. Aún así, es inteligente estar seguro.

Trabajar en casa requiere mucha dedicación, disciplina y paciencia. No es para todos, y eso está perfectamente bien. Hay algunas cosas que deben ser consideradas cuidadosamente si usted tiene la intención de convertirse en una mamá que trabaja en casa. Incluso si usted es una madre de casa, añadir una carrera a la mezcla puede cambiar un poco las cosas. Para asegurarse de que va en una buena dirección para usted, es importante revisar cosas tales como las finanzas, el apoyo familiar y su capacidad para hacer frente a la perspectiva de trabajar en casa. Algunas madres prosperan en esta situación, pero otras se marchitan.

➢ *POSICIÓN FINANCIERA*

Si está planeando dejar un trabajo remunerado para trabajar en casa, debe tener un buen manejo de sus finanzas. En la mayoría de los casos, llevará algún tiempo crear un negocio o una empresa independiente lo suficiente para reemplazar un trabajo cotidiano. Más allá del capital necesario para poner en marcha el negocio, también necesitará un fondo de reserva para cubrir el período de puesta en marcha.

La cantidad de dinero que se reserve dependerá de una serie de factores, entre ellos:

Sus cuentas mensuales Comprenda cuán grande es su contribución al presupuesto de la familia mensualmente. Asegúrese de tener la figura cubierta durante al menos unos meses. Tres meses pueden servir, pero es una opción conservadora (y más segura) disparar de seis a doce meses. Mantenga estas cifras separadas de lo que necesitará para dar a su empresa una oportunidad de lucha como el éxito, también.

Gastos adicionales anticipados Establecer un negocio en casa puede requerir un poco de capital inicial. Más allá de lo que se necesita para cubrir a la familia, usted también querrá dinero para equipo, mercadeo, licencias, etc. Un préstamo para pequeñas empresas puede funcionar en algunos casos, pero para muchas operaciones en el hogar, usted estará por su cuenta con los costos de inicio.

Si bien es posible que los planes de negocios no siempre se desarrollen exactamente a tiempo, tenga una buena comprensión del período de anticipación de su empresa en particular. Usted querrá asegurarse de tener el dinero disponible para cubrir este período y seguir haciendo crecer el negocio. Sea realista aquí.

Si las finanzas se interponen en su camino, considere buscar préstamos, activar un plan de ahorros o simplemente trabajar en su negocio a tiempo parcial al principio. Hay maneras de hacer que su sueño suceda aunque el dinero en efectivo no esté disponible tan rápido como a usted le gustaría.

➢ *EL APOYO FAMILIAR ES CRUCIAL*

Entrar en una empresa de trabajo en casa sin el apoyo de una familia sólida para la idea puede resultar ser un gran error. Si los miembros de la familia no entienden que el tiempo de trabajo es importante o que las llamadas de trabajo no deben ser interrumpidas con música rock'n' roll a todo volumen desde la habitación de un adolescente, entonces habrá que librar una batalla cuesta arriba.

Para asegurarse de que su familia está a bordo, pregúntese lo siguiente:

¿He discutido la idea a fondo con todos los miembros de la familia? Si no lo ha hecho, querrá hacerlo. Asegurarse de que todos los que tienen la edad suficiente comprendan que el hecho de que usted esté en casa no significa que las horas de trabajo sean menos importantes es vital para sus posibilidades de éxito.

¿Los miembros mayores de la familia proporcionarán apoyo durante las emergencias? Las madres que trabajan en casa todavía necesitan asistir a las reuniones, cumplir con las fechas límite o salir y hacer contactos. Cuando se presenta la necesidad de un tiempo de concentración serio, es imperativo tener a alguien que pueda intervenir y ocuparse del cuidado de los niños y/o de las tareas domésticas.

¿Ayudarán los miembros de la familia? El hecho de que trabajes en casa no significa que puedas o debas encargarte de todo. Le ayudará enormemente si los miembros de la familia colaboran con las tareas y hacen su parte para asegurarse de que todo en el hogar fluya sin problemas.

Trabajar en casa después de estar en el mundo puede ser un poco difícil para toda una familia. Si usted ha sido una madre que se ha quedado en casa, los desafíos pueden ser aún mayores. Después de todo, todo el mundo está acostumbrado a tenerte allí para ayudarles.

Moverse a una carrera en casa significa que incluso si usted está allí, a veces las prioridades tendrán que cambiar de enfoque. Si su familia está verdaderamente a bordo, usted tendrá una ventaja en cualquier esfuerzo que usted persiga.

➢ *AUTODISCIPLINA*

No importará en absoluto cuánto dinero haya ahorrado para empezar o el apoyo que le brinde su familia, si no puede motivarse, está en problemas. La autodisciplina es uno de los rasgos más importantes que hay que tener cuando se intenta iniciar una carrera en el hogar. Esto se aplica a los trabajadores a distancia que trabajarán a tiempo completo para las empresas tanto como a los futuros empresarios.

Para asegurarse de tener lo que se necesita en este frente, considere preguntarse estas cosas y responder con honestidad y franqueza:

¿Estoy motivado? Si usted no tiene la motivación y el empuje para levantarse en la mañana y ponerse a trabajar, un negocio en casa estará en terreno inestable desde el principio. Mientras que la mitad de la recompensa de trabajar en casa es estar más cerca de la familia, usted todavía tendrá que operar con empuje para disfrutar del éxito en los negocios. Al igual que la crianza de sus hijos, una carrera en el hogar requerirá tiempo, atención y un poco de cuidado serio.

¿Puedo fijar las horas y seguirlas? Cuando usted es dueño de la operación o trabaja como autónomo, puede establecer su propio horario. En realidad, hacerlo puede ser de gran ayuda para asegurar que la vida se equilibre mejor. Por supuesto, usted puede salir temprano para jugar con los niños de vez en cuando, pero tendrá que pegarse a la vida en una base más o menos regular.

¿Puedo resistir las tentaciones? Una de las cuestiones que la autodisciplina puede superar es la de resistir la tentación de hacer otras cosas además del trabajo durante las horas de trabajo. Cuando ningún jefe está respirando en su cuello, puede ser demasiado fácil ver la televisión, jugar en la computadora o incluso hacer las tareas domésticas en lugar de realizar funciones relacionadas con el trabajo. Ríndase a la tentación con demasiada frecuencia y su empresa podría no volar.

➢ *MANEJO DEL AISLAMIENTO*

Dependiendo del tipo de negocio que planee seguir, es posible que se encuentre un poco aislado de otras personas. Las carreras basadas en la computadora, por ejemplo, pueden hacer que trabajes en casa y que nunca salgas y veas a gente más allá de la familia durante días y días. Aunque esto no es un problema para muchos, puede volver locas a algunas mujeres. Asegúrese de saber cuál es su posición sobre el tema antes de seguir adelante con una elección de carrera que podría ponerlo en esta posición.

Si usted quiere lidiar con el problema potencial del aislamiento de frente, hay algunas cosas que pueden ayudar. Entre ellas se incluyen

Esta es una excelente manera de salir de la casa cada semana o cada mes. Además, puede ayudarlo a asegurarse de que su negocio obtenga su nombre.

Aceptar clientes locales Aunque su negocio esté basado en computadoras, no hay nada malo en aceptar y solicitar clientes locales. Esto puede sacarle de la "oficina" de vez en cuando y ayudarle a hacer crecer su negocio también.

Planificar actividades fuera de horario Puede ser extremadamente beneficioso planificar actividades fuera de horario que no impliquen permanecer en la casa. Incluso un viaje al parque con los niños cada pocos días puede mantener la cordura bajo control. Las carreras de comestibles no cuentan!

Ser voluntario en las escuelas de sus hijos Incluso ser voluntario una vez a la semana, al mes o en cada viaje de estudio que se presente puede sacarlo de la casa y ayudarlo a conocer a otras personas.

Esto también puede servir como una gran manera de mostrarle a sus hijos cuánto usted desea involucrarse en sus vidas. Después de todo, si el negocio es suyo, un "jefe" no podrá decir que no puede tomarse dos horas libres todos los martes para echar una mano en una escuela.

Tomar la decisión de trabajar en casa puede ser excelente. Sin embargo, para asegurarse de que la mudanza sea la correcta para usted, tómese el tiempo para examinar cuidadosamente los altibajos y responder preguntas sobre usted y su situación honestamente.

Beneficios de trabajar en casa

Trabajar en casa no es todo sol y rosas por mucho tiempo, pero puede tener algunos beneficios increíbles que muchas madres no cambiarían por el mundo. Los beneficios potenciales de tomar esta decisión pueden impactar su vida financiera, emocional y hasta las mismas relaciones que usted ama.

Algunos de los beneficios más notables de trabajar en casa incluyen:

• Ahorrar dinero en gastos diarios Si va a dejar un trabajo para trabajar en casa, tendrá que compensar la pérdida, pero hay algunos ahorros instantáneos que se pueden sentir. Las madres que trabajan en casa a menudo ahorran una gran cantidad de dinero en tales cosas como el cuidado de los niños, los gastos de desplazamiento, los almuerzos e incluso las cenas. Después de todo, es mucho más fácil asegurarse de que una comida nocturna esté en la mesa si usted está cerca durante el día para ver que esto es así.

• Aunque la programación puede variar según la oportunidad de negocio que se persiga, muchas madres que trabajan en casa descubren que tienen mucho más tiempo para pasar con sus familiares. Incluso mientras trabajan, simplemente pueden ver más a la familia y participar más en su vida diaria. Esta es una recompensa que puede hacer que la decisión valga la pena.

• Reducción potencial del estrés Mantenerse al día con los niños, el hogar y el trabajo será difícil pase lo que pase. Sin embargo, hacerlo con un trabajo fuera del hogar puede ser una pesadilla estresante. Las mamás que trabajan fuera de casa pueden experimentar una caída en los niveles de estrés cuando entran en el ritmo de "estar ahí" para hacer las cosas.

Por ejemplo, tirar la ropa a la basura antes de empezar un día de trabajo, puede convertirse en algo natural. Así que, también, puede tomar el tiempo para saludar a los pequeños en una parada de autobús y así sucesivamente.

• Las recompensas personales No importa si usted lanza un negocio que vende artículos a través de fiestas privadas o entra en la entrada de datos por cuenta propia, cuando pruebe sus éxitos serán realmente suyos. Crear incluso un negocio de éxito modesto en casa puede ser increíblemente gratificante a nivel personal.

• Horario flexible Mientras que algunos negocios serán más flexibles que otros, la mayoría de las madres que trabajan en casa encuentran que son mucho más flexibles en lo que pueden y no pueden hacer que cuando trabajaban fuera de casa. Esto puede ser una ventaja increíble para las madres que quieren tomar las decisiones cuando trabajan, en qué días y por cuánto tiempo lo hacen.

• Trabajar en casa puede ser muy gratificante para las mujeres que le dan a la perspectiva una oportunidad seria. Las recompensas de hacerlo pueden ir desde lo financiero hasta lo muy personal.

➤ *CUIDADO CON LA TRAMPA*

Trabajar en casa puede conllevar una serie de recompensas que hacen que la empresa valga la pena. Las madres pueden prosperar en estas circunstancias porque la situación les da lo mejor de ambos mundos.

Por muy fantástico que pueda ser trabajar en casa, existen algunos riesgos potenciales. Entender lo que son puede prepararte para enfrentarte a ellos y ganar. Aunque no todo el mundo experimentará las mismas estafas trabajando en casa, algunos de los problemas más comunes que podrían surgir incluyen cosas como:

Algunas madres que trabajan en el hogar tienen un poco de dificultad para entrar en el equilibrio entre la carrera y la vida personal. Ya sea que pasen demasiado tiempo trabajando o no lo suficiente, el no lograr un equilibrio puede tener el potencial de llevar a la decepción en una arena, en la otra o en ambas.

Aislamiento Como se discutió anteriormente, algunas carreras en el hogar pueden ser un poco solitarias en el gran esquema de las cosas.

Culpabilidad Si bien la idea de trabajar en casa a menudo implica tener más tiempo para la familia, el trabajo también debe estar en la lista de prioridades. Esto significa que habrá momentos en los que las mamás tendrán que decir que no o seguir con sus asuntos, incluso cuando un niño de tres años tiene un berrinche. Lo largo y corto de esta realidad es que a veces las mamás se sienten culpables por no estar allí, incluso cuando están allí.

Poco profesionalismo En algunas áreas de trabajo, los ruidos de fondo que se encuentran en una casa pueden ser un poco embarazosos e incluso pueden parecer poco profesionales. Hablar por teléfono con un cliente mientras un niño tiene un ataque o un perro ladra fuerte en el fondo no suena tan profesional como muchos quisieran.

El peligro de trabajar en casa radica a menudo en no poder "dejar" el trabajo al final del día. Con esto en mente, muchas madres de familia trabajan en casa y tienden a exagerar en su detrimento. Si bien esto puede ser bueno para el negocio, el agotamiento puede ocurrir si alguien trabaja las 24 horas del día y no se relaja, se relaja y respira de vez en cuando.

Dejarse llevar Si bien es ciertamente agradable poder levantarse de la cama por la mañana e "informar" a la oficina, esto puede ser un arma de doble filo. Es demasiado fácil estar sentado con esa bata a las 6 de la tarde de un martes normal. Esto puede tener un impacto negativo en la autoestima.

Aunque las trampas son muy reales, hay formas de enfrentarlas y ganar. No importa el desafío, tener un buen plan para hacer frente a la situación puede marcar la diferencia.

Supera los obstáculos

Mientras que los obstáculos se interpondrán en el camino de cualquier negocio, algunos de los obstáculos para los negocios en casa son un poco diferentes. Hay formas de combatir a todos y cada uno de ellos. Cuando tienes un arsenal de armas a tu disposición, puedes despejar el camino hacia el éxito.

Estos consejos pueden resultar muy efectivos para ayudar a las madres de familia a enfrentar y superar cualquier obstáculo que se interponga en el camino:

Si bien la flexibilidad es importante, también lo es tener un horario que se cumpla regularmente. Cuando se pone firme en cuanto a las horas de trabajo y trata de mantener un horario, es más fácil encontrar un equilibrio que funcione en su vida.

Crear una oficina en casa Incluso si se trata de un armario que se replantea como propio, tener una habitación con una puerta a la que retirarse para las llamadas de negocios y el trabajo serio de la fecha límite puede ser un salvavidas. Por supuesto, consiga el portátil para que pueda trabajar en la sala de estar mientras su familia zumba a su alrededor, pero tenga un refugio al que acudir cuando más lo necesite. Hacer esto, por cierto, incluso puede ayudar en sus impuestos, así que es inteligente desde algunos puntos de vista.

Si usted va a ser una mamá que trabaja en casa con niños pequeños, es imperativo que tenga niñeras o guarderías en fila para cuando más se necesita. No importará si su negocio está relacionado con las ventas o el servicio, habrá algunos días en los que no podrá estar disponible para su familia.

Asignar tareas Si sus hijos son mayores, un negocio en casa puede convertirse en el trabajo de todos. Asigne a los niños tareas y tareas que puedan realizar para ayudarlos. Estos pueden incluir funciones relacionadas con los negocios o incluso simplemente poner a los niños en el servicio de vajilla para liberarle hasta el final de las llamadas nocturnas. Un poco de trabajo nunca hace daño a nadie ni a los niños que ayudan a que una familia funcione bien y aprendan lecciones valiosas en el camino.

Concentrarse en el premio Decir "no" al tercer viaje al parque durante una semana soleada puede ser difícil, pero hacerlo puede ser importante. Cuando tus hijos te ven trabajando duro para

tu familia, pueden aprender con el ejemplo. Instalar una fuerte ética de trabajo desde muy temprano puede poner a los jóvenes en su propio camino hacia el éxito.

Establezca un código de vestimenta Aparte de las fechas límite, es importante que se levante y se vista para ir al trabajo, incluso si se está moviendo de la cama a la computadora. Esto puede ayudarlo a sentirse mejor consigo mismo y mantenerlo motivado y proyectando vibraciones exitosas en el proceso.

Oportunidades para todos

No importa si nunca has trabajado un día en tu vida o si vas a dejar un puesto de trabajo a largo plazo, hay oportunidades que casi todo el mundo puede aprovechar. Trabajar en casa y tener éxito en ello no significa que tengas que tener un título de cuatro años, una tonelada de habilidades especializadas o un banco lleno de dinero. Lo que necesitas es una buena idea y el impulso para lograrlo.

Hay una variedad de oportunidades para los trabajadores no cualificados o poco cualificados. Algunas de las opciones incluyen cosas como:

Ventas Hay una variedad de negocios relacionados con las ventas que usted puede explorar y que le permitirán basar sus operaciones fuera de su casa. Muchas compañías que confían en las madres en casa para vender sus productos le proporcionarán la capacitación que usted necesita para tener éxito. También es posible comprar en un territorio de franquicia para ciertos productos. Sólo asegúrese de que puede respaldar un producto antes de intentar venderlo. Si no te venden, los clientes tampoco lo serán.

Ventas en línea Muchas de las madres que viven en casa se han ganado la vida vendiendo artículos a través de tiendas en línea o a través de sitios de subastas virtuales. Ya sea que usted cree artículos personalmente o haga muchas compras para la venta de garaje y bienes raíces, esta opción es bastante fácil de explorar. También se puede amortizar con una parte lucrativa o con ingresos a tiempo completo.

Entrada de datos Si usted puede usar una computadora y escribir con cualquier grado de precisión, encontrará una gran cantidad de oportunidades disponibles para las habilidades que tiene. Incluso si no eres la mejor mecanógrafa del mundo, hay maneras de perfeccionar la habilidad lo suficiente para que esta oportunidad de trabajar por cuenta propia rinda sus frutos. A medida que más compañías subcontratan funciones, como la entrada de datos, muchas madres de hogar están encontrando que este nicho se adapta perfectamente a ellas.

Telemercadeo A menudo es posible conseguir puestos de trabajo autónomos e incluso en empresas de telemercadeo que dependen de trabajadores a domicilio. Este tipo de trabajo no requerirá un conjunto de habilidades altamente especializadas. Si puedes hablar por teléfono con claridad, transmitir tu mensaje y ser agradable en el proceso, deberías estar preparado.

Desarrollo de productos/servicios personales Muchas madres que trabajan en casa tropiezan con su propio nicho basado en sus propios pasatiempos personales. Algunos negocios que se basan en el hogar y han surgido de ideas o productos únicos incluyen cosas como la artesanía, las ventas en línea, la producción de ropa personalizada con escaparates en línea, la fabricación de jabón y velas y mucho más. Las opciones están limitadas sólo por la imaginación.

Asistentes personales Algunas trabajan en casa, las madres hacen recados para otras, trabajan en un ambiente virtual para quitarles la carga a los empleados de la oficina y más. El campo del asistente personal puede ser muy interesante para explorar tanto en el ámbito local como en línea. El potencial aquí está creciendo a medida que más empresas subcontratan y más empleados temen tomarse tiempo libre para llevar a cabo sus proyectos personales.

Cuidado de niños Las guarderías en el hogar son una opción popular para las madres que desean que sus hijos estén en un ambiente hogareño y acogedor. Esta opción puede ser excelente para un negocio en casa. Como madre, usted tiene muchas de las habilidades que ya se requieren para el trabajo.

Escribir Si puedes encadenar oraciones con facilidad, hay oportunidades disponibles para los escritores independientes. Si bien es posible que le falten algunas de las habilidades para ciertos trabajos, hay proyectos que pueden ser realizados por principiantes. Muchos trabajos de blogging, por ejemplo, requieren que la gente "de todos los días" escriba. Esto significa que sólo se requiere una buena voz para escribir y habilidades básicas.

Tutoría en línea Usted puede necesitar un título o capacitación especializada para esto, pero este campo presenta algunas oportunidades únicas. Llegar a los estudiantes de tutoría en línea puede ser una excelente manera de ganarse la vida y obtener los beneficios del trabajo en casa al mismo tiempo.

Servicio al cliente Algunas compañías están recurriendo a centros de llamadas virtuales para manejar su servicio al cliente. En muchos casos, estos centros de llamadas contratan a trabajadores a domicilio para manejar los turnos de las llamadas entrantes. Aunque este tipo de trabajo requerirá horas fijas, todavía puede proporcionar la flexibilidad de programación que los padres a menudo requieren. Además, algunos centros de llamadas pueden ofrecer verdadero trabajo a tiempo completo con beneficios para los trabajadores a distancia. Esto puede ser una ventaja si no quieres poner en marcha tu propio negocio para trabajar en casa.

Bienes raíces Si bien se requiere capacitación y licencias a corto plazo para este campo, muchos de los que ingresan a este campo se dan cuenta de que pueden trabajar en casa la mayor parte del tiempo.

Transcripción Para aquellos que tienen

un don para el teclado, este puede ser un campo increíble para entrar. Con una formación básica, los trabajos de transcripción estándar se pueden realizar en casa. Con un curso de estudio más profundo, también se pueden obtener contratos de transcripción médica de pago más alto.

Las oportunidades de trabajar en casa son prácticamente infinitas. Con trabajos que van desde aquellos que nunca requieren que usted salga de la casa hasta aquellos que podrían tenerlo fuera y sobre hacer llamadas de ventas en su propio horario, sus opciones no están limitadas, incluso si su conjunto de habilidades básicas resulta ser así.

Mejora al máximo tus habilidades

Mientras que muchas oportunidades de trabajo en casa no requieren títulos especiales o entrenamiento avanzado, algunas habilidades pueden ser necesarias para puestos mejor pagados. Afortunadamente, hay una variedad de lugares a los que puede recurrir para perfeccionar las habilidades que necesita para tener éxito sin gastar una fortuna en el proceso.

Incluso si usted elige un campo que no requiere habilidades especiales en absoluto, puede ser importante considerar algunos cursos para aumentar su perspicacia en los negocios. Aprender acerca de cosas tales como la contabilidad básica, el mantenimiento de registros, la comercialización y el establecimiento legal de un negocio puede ser importante para el éxito de una empresa en el hogar en muchos casos.

Dependiendo del campo en el que esté interesado en entrar, estos puntos de venta pueden ser de ayuda para proporcionarle la formación adecuada de forma rápida:

Programas de educación para adultos Las escuelas secundarias locales muy a menudo ofrecen clases nocturnas para sus propios estudiantes y adultos de la comunidad que buscan mejorar sus habilidades. Si bien el plan de estudios puede incluir clases en las escuelas secundarias estándar, también se ofrecen muchos programas para el desarrollo profesional. Estos pueden ir desde clases técnicas y de mecanografía hasta contabilidad y más allá. No te preocupes, no te harán tomar historia y matemáticas de nuevo a menos que quieras!

Las escuelas técnicas Las escuelas técnicas públicas pueden ser recursos invaluables para la capacitación en una variedad de campos. Algunos de los programas que podrían ofrecerse que podrían ser de gran utilidad para una carrera en el hogar incluyen la transcripción, el mercadeo, la operación de computadoras, la contabilidad básica, etcétera. Estos lugares también son conocidos por ofrecer cursos de alta tecnología. Si, por ejemplo, desea aprender a construir sitios web, las escuelas técnicas estatales o locales son un buen lugar para buscar lecciones de bajo costo.

Las escuelas por correspondencia Los cursos de certificación en el hogar pueden proporcionar las habilidades y el papeleo necesario para iniciar una carrera en un abrir y cerrar de ojos. Las oportunidades aquí pueden incluir cosas como la transcripción médica, la contabilidad, el marketing y más.

Clases en línea A medida que más escuelas técnicas, colegios y universidades se aprovechan del poder de la Internet para enseñar, la disponibilidad de cursos está aumentando. Aunque las ofertas pueden variar enormemente, los estudiantes en casa pueden hacer de todo, desde obtener información sobre cómo utilizar los productos de Microsoft Office hasta obtener un título de maestría, todo desde la comodidad de su propio hogar.

Las asociaciones de certificación basadas en el terreno que representan ciertos campos de trabajo pueden ofrecer clases de certificación o de capacitación para la obtención de licencias a bajo costo. Obtener la capacitación para obtener una licencia de bienes raíces, por ejemplo, puede tomar sólo unos meses de estudio a través de un consejo localizado de agentes de bienes raíces.

Centros de desarrollo de pequeñas empresas Se encuentran en muchas áreas metropolitanas, estas agencias financiadas por el gobierno son conocidas por ser anfitrionas de una variedad de programas, talleres y clases de certificación. Estos centros también pueden ser recursos increíbles para establecer un negocio correctamente para cumplir con las regulaciones locales, estatales y federales.

Compañías de franquicias o empresas de venta en el territorio Si tiene la intención de firmar con una compañía de franquicias o trabajar en un territorio como vendedor a domicilio, se le proporcionará capacitación en muchos casos. Dependiendo del campo o producto que elija, las clases asociadas pueden no costarle nada en absoluto. Por ejemplo, las compañías basadas en las ventas que operan utilizando fiestas en casa, por lo general ofrecen una capacitación extensa y práctica. Muchas franquicias, también, ofrecen una variedad de cursos prácticos para ayudar a aquellos que compran en disfrutar del éxito.

Capacitación en el trabajo Algunos puestos de trabajo independientes proporcionarán capacitación básica a los contratistas en el trabajo. Las empresas que contratan a trabajadores a distancia para recibir llamadas entrantes, por ejemplo, también pueden ofrecer formación.

Obtener la capacitación que podría ser necesaria para muchos negocios en el hogar es generalmente mucho más fácil de lo que usted podría pensar. Diríjase al lugar correcto y las habilidades que usted tiene pueden ser fácilmente agregadas.

¿Donde encontrar trabajo?

Tomar la decisión de trabajar en casa y seleccionar un campo a seguir no será suficiente para poner las cosas en marcha. A menos que planee construir su propio negocio desde cero, necesitará saber a dónde ir para encontrar trabajos y oportunidades en su casa. Hay una serie de opciones que pueden ser increíblemente útiles para ayudarle a empezar a ganar dinero en casa. Sin embargo, hay que estar atentos a algunas cosas. El mundo del trabajo en casa no es inmune a los estafadores, desafortunadamente.

✓ AGENCIAS DE EMPLEO

Las agencias de empleo locales pueden ser un recurso invaluable para los trabajadores independientes, los trabajadores semicualificados e incluso para aquellos que buscan puestos de trabajo en empresas que ponen a los trabajadores a domicilio en la nómina. Para encontrar una agencia de empleo con la que valga la pena trabajar para impulsar su carrera, asegúrese de hacerlo:

Definir sus intereses: Las agencias de empleo pueden estar más bien especializadas en los tipos de puestos que manejan. Asegúrese de que sus intereses y el área de carrera que planea seguir estén claramente definidos para eliminar las agencias que podrían no ser capaces de ayudarle.

Agencias de investigación en su área: Una vez que sepa qué es lo que quiere perseguir y quizás incluso de qué campos quiere alejarse, busque agencias en su área que tengan la reputación de ayudar a las personas en su esfera de interés. Si no puede obtener recomendaciones, llame a las agencias locales y pregunte qué manejan.

Costos asociados a la investigación: La mayoría de las agencias de empleo cobran al empleador, no al solicitante de empleo. Asegúrese de verificar esto antes de tratar con una agencia. No es divertido conseguir un trabajo sólo para descubrir que un corte será quitado de la cima!

Las agencias de empleo pueden ser recursos inestimables para lanzar ciertas áreas de interés en el trabajo en el hogar. Asegúrese de que si este es el camino que desea seguir, la agencia con la que trabaja tenga experiencia en su área de especialización o interés.

✓ *LAS FRANQUICIAS*

Si prefiere no inventar la rueda para disfrutar de una oportunidad de negocio en casa, trabajar con una franquicia o firmar con una empresa de ventas basada en el territorio puede funcionar perfectamente. Ambas opciones pueden ofrecer grandes ventajas a la hora de respaldar y dar soporte, pero hay cosas que hay que tener en cuenta antes de firmar en la línea de puntos. Entre ellas se incluyen

Reconocimiento: Ya sea que vaya a comprar en una franquicia o simplemente representar a una empresa a través de las ventas, asegúrese de que el producto y/o servicio sea reconocido y de buena reputación. Incluso con empresas en crecimiento o nuevas, es factible probar el agua. El hecho de que una empresa ofrezca franquicias a la venta no significa que sus productos o servicios tengan una gran demanda.

Nivel de apoyo: Si usted no está entrando a la empresa con mucha capacitación, asegúrese de que la oportunidad venga con mucho apoyo. Muchas empresas de franquicias ofrecen formación básica en ventas y negocios, por ejemplo. Las compañías de ventas, por supuesto, deben ayudarle a desarrollar un plan para vender sus productos.

Su mercado: No le servirá de nada abrir la décima franquicia exacta en un área de 20 manzanas. Asegúrese de entender su mercado y sus necesidades. Esto también se aplica al establecimiento de territorios de ventas. Demasiada competencia "amistosa" y sus posibilidades de éxito podrían verse muy afectadas.

Los costos asociados: Asegúrese de tener un buen manejo de los costos asociados con tomar esta ruta. Algunas franquicias son muy asequibles, pero otras pueden resultar increíblemente costosas.

Sus intereses: Simplemente no tiene sentido establecer una tienda con una compañía, producto o servicio en el que usted no tiene ningún interés. Lo más probable es que el esfuerzo caiga en picado si no puedes apoyarlo completamente. Explore sus intereses de cerca y luego emparéjelos con las oportunidades disponibles.

El tiempo involucrado: Algunas oportunidades pueden sonar muy bien hasta que se entienda claramente la cantidad de trabajo involucrado. Si desea asegurarse de que se mantenga la flexibilidad, es imperativo que controle lo que realmente se necesita para tener éxito.

La franquicia o la ruta de ventas puede ser una manera más fácil de entrar en un negocio basado en el hogar que tiene una oportunidad real de éxito. Sin embargo, para disfrutar de los resultados y recompensas que usted anhela, es imperativo que primero haga alguna investigación.

✓ *CONSEGUIR EMPLEOS A TRAVÉS DE SITIOS WEB*

Aprovechar el poder de Internet puede ser una excelente manera de encontrar trabajo en casa. En la arena en línea, usted encontrará sitios Web que pueden ayudarle:

Si se desea un trabajo en el hogar, pero en el hogar, tiene sentido buscar un número de compañías alrededor del mundo que sean conocidas por poner a los teletrabajadores en la nómina. Esto puede hacer que encontrar oportunidades que paguen mucho más fácilmente.

Hay una variedad de sitios Web que se especializan en emparejar a los trabajadores independientes en una serie de campos con la contratación de empleadores. Aunque por lo general se trata de puestos basados en contratos a corto plazo, pueden resultar muy lucrativos con el paso del tiempo. Esto es especialmente cierto si los empleadores a corto plazo siguen regresando por más. Los escritores independientes, por ejemplo, pueden conectarse con una variedad de empleadores en línea y encontrarse con más trabajo del que pueden manejar si juegan bien sus cartas.

Compañías de ventas Si te gusta la idea de vender velas en un ambiente de fiesta, por ejemplo, encontrar la compañía adecuada con la que tratar puede ser mucho más fácil en línea. Aquí descubrirá una variedad de sitios que pueden conectarle con la oportunidad adecuada.

Los sitios de la comunidad Los sitios Web con listas de la comunidad a menudo tienen áreas que conectan a los trabajadores a domicilio con posibles actuaciones. Aunque no todas las ofertas son legítimas, estos sitios pueden valer la pena.

Sitios de empleo Algunas agencias de empleo en línea se ocupan en gran medida de las posiciones de teletrabajo y otras oportunidades en el hogar. Estos pueden ofrecer una puerta abierta para encontrar oportunidades de empleo a corto y largo plazo en una variedad de campos.

Las opciones para conectarse con empleadores potenciales en la arena online son casi infinitas. Sin embargo, por más increíbles que parezcan algunas de las oportunidades, es imperativo estar atento a algunos peligros potenciales.

✓ *COSAS QUE DEBES EVITAR*

Tan fácil como algunos lugares pueden hacer para encontrar oportunidades potenciales de trabajo en el hogar, no todos los que hay por ahí son exactamente de buena reputación. Con esto en mente, es importante evitar a los estafadores tomando un enfoque cauteloso a cualquier propuesta. Para evitar problemas con oportunidades de trabajo en el hogar, contratos independientes y más, asegúrese de hacerlo:

Compañías de investigación No firme para vender productos para una compañía sin entender exactamente cuáles son esos productos y cuál es la reputación de la compañía. Si trabajas por tu cuenta, investiga la reputación del empleador. Los sitios independientes, por ejemplo, suelen ofrecer calificaciones de retroalimentación. Para otras oportunidades de negocios, consulte con las cámaras de comercio locales o con el Better Business Bureau para obtener información de antecedentes.

Evite los anuncios que prometen la luna y las estrellas Muchos anuncios para los trabajadores en casa ofrecen una tonelada de dinero por un poco de trabajo. Otros tratarán de cobrarle por la oportunidad de trabajar para ellos. A menos que se trate de una franquicia con una cuota de participación, tenga mucho cuidado con cualquiera que intente obtener su dinero para que pueda ganar dinero. Además, si el trabajo en casa suena demasiado bueno para ser verdad, probablemente no lo sea. Ejercita el sentido común aquí y mira en los fondos.

Contratos de uso Puede resultar demasiado fácil para los trabajadores autónomos, por ejemplo, deslizarse en este frente. Asegúrese de conseguir clientes bajo contrato, incluso si es para un solo trabajo a muy corto plazo. Esto protege no sólo a usted, sino también al empleador independiente.

Oportunidades que no se ajustan a sus planes personales Si su idea es trabajar en casa la mayor parte del tiempo y disfrutar de un horario flexible, no se inscriba en un puesto de ventas en casa que se comerá hasta 80 horas a la semana. Tenga en cuenta todos sus objetivos al explorar las posibilidades que existen.

Encontrar empleadores para muchos puestos en el hogar no es tan difícil como parece. Hay una serie de recursos que pueden hacer que la tarea sea bastante fácil.

Algunos consejos...

Aunque no todos los trabajos de trabajo en el hogar requerirán habilidades de entrevista o de creación de propuestas, muchos sí lo harán. Si ha decidido que le gustaría trabajar para una empresa que contrata empleados en casa o con contrato para alguien local, por ejemplo, querrá mejorar sus habilidades de entrevista. Si está pensando en trabajar por cuenta propia a través de Internet, tendrá que saber cómo presentarse de la mejor manera posible a través de propuestas.

• *OBTENIENDO ENTREVISTAS*

Si no se ha entrevistado para un puesto antes o ha pasado mucho tiempo, hay algunos consejos que pueden ayudarle a poner su mejor pie adelante. Para asegurarse de que lo hace lo mejor que puede en cualquier situación de entrevista:

Viste la parte Aunque puede que no sea necesario usar un traje de fuerza y zapatos de tacón para cada entrevista, vístete bien, limpia y profesionalmente. Las primeras impresiones sí importan.

Haga su tarea Esté preparado para responder a una variedad de preguntas relacionadas con el trabajo y de otro tipo. Entienda la posición, la compañía y cuál podría ser su papel antes de entrar por la puerta. Además, es una buena idea prepararse para cualquier cosa que pueda ser arrojada a su camino. Planee una entrevista personal, pero no pierda la calma si resulta ser un panel. Sólo respira y sé tú mismo.

Establezca contacto visual Esto es esencial para enviar el mensaje correcto a los empleadores potenciales. Esto puede ayudarle a ganar una reputación de confianza, competencia y honestidad -

todo lo que los empleadores buscan incluso en los trabajadores a domicilio.

Si bien es posible que no necesite una oficina en casa o una buena configuración de la computadora antes de conseguir un puesto, tener planes en marcha puede darle la ventaja de la iniciativa que necesita.

Relájese Trate de estar lo más relajado y seguro posible durante cualquier entrevista de trabajo. Esto le ayudará a responder a las preguntas con mayor profundidad y también puede ayudarlo a causar una buena impresión. Incluso si la posición es su "sueño", no se asuste pensando que será el fin del mundo si no lo consigue. Esto socavará la confianza y probablemente le dará una apariencia tensa.

Véndase No tenga miedo de poner en primer plano sus calificaciones, experiencias y fortalezas. Recuerde, una entrevista es realmente una situación de ventas. En lugar de un producto o servicio, usted tratará de venderse a sí mismo. Realiza bien la tarea y conseguirás el trabajo.

Sé honesto No trates de hacerte ver que eres más de lo que eres. Sea honesto al responder a las preguntas. Si no sabes algo, admítelo. Haga hincapié en que usted está dispuesto y es capaz de aprender cualquier cosa que se le ocurra.

Sea realista Asegúrese de estar al menos razonablemente calificado para un puesto. Si el trabajo exige habilidades altamente especializadas y no las tienes, probablemente no sea realista ir tras el puesto.

Las entrevistas cara a cara pueden ser bastante estresantes, pero hay maneras de conseguirlo. Cuanto más preparado y relajado esté, mejor se encontrará con posibles empleadores. Esto puede darle la ventaja que necesita para superar a la competencia.

• *SU PRIMER ENTREVISTA ONLINE*

Entrevistar o solicitar un empleo en un entorno virtual puede ser un poco más complicado. Si bien algunas posiciones también pueden incluir una entrevista cara a cara, muchas no lo hacen. Esto significa que a menudo tendrá que venderse a sí mismo basándose únicamente en credenciales y comunicaciones escritas. Hay algunos consejos que pueden ayudarle a realizar aquí. Entre ellas se incluyen

Prepare las propuestas con cuidado Puesto que es muy probable que tenga que aterrizar el trabajo sólo con materiales escritos, será imperativo que las propuestas se presenten correctamente. Asegúrese de tomarse el tiempo para actualizar su currículum vitae y sus calificaciones, revise su propuesta y ofrezca sólo lo que realmente puede ofrecer. Si está planeando trabajar por su cuenta, mantenga sus precios de oferta competitivos.

Algunos empleadores independientes prefieren entrevistar a los candidatos por teléfono o en salas de chat. Asegúrese de estar disponible para hablar cuando sea necesario.

Una vez que las propuestas son presentadas, puede ser una buena idea hacer un seguimiento con un empleador potencial y estar disponible para responder cualquier pregunta. Si usted está pujando a través de un servicio de emparejamiento freelance, puede que esto no sea posible, pero en otros ámbitos puede ser un hábito valioso para entrar en él.

Entrevistar para un puesto de trabajo a tiempo completo o incluso para un contrato como freelance puede ser un poco abrumador. Cuanto más preparado esté para lo que pueda esperar, mejor será su desempeño. Con un poco de confianza, usted hará que las cosas buenas sucedan para sí mismo.

• *CONFIGURAR LA OFICINA EN CASA CORRECTAMENTE*

No importa si tiene la intención de trabajar como autónomo, hacer ventas, comprar una franquicia o teletrabajar para un empleador de tiempo completo, va a encontrar que tener una oficina en casa es una consideración muy importante. Incluso si es sólo un armario con su propia puerta de privacidad, tener un retiro puede ser muy importante para los niveles de productividad e incluso la cordura.

Es probable que descubras que no tienes que gastar una pequeña fortuna para establecer una oficina en casa. Incluso con un presupuesto relativamente bajo, usted puede obtener las herramientas que necesita para casi cualquier campo profesional. Lo básico a considerar incluye:

Una estación de trabajo Incluso si utiliza dos archivadores con un escritorio extendido sobre ellos, tener un lugar para colocar otros materiales y distribuir el papeleo puede ser muy inteligente.

Armario(s) de archivo Está bien si estos son parte del "escritorio" o si están de pie por sí solos. De cualquier manera, usted va a necesitarlos para mantener archivos importantes, tales como información del cliente, recibos de compra para el negocio y así sucesivamente.

Una computadora Este es el pan y la mantequilla para muchas empresas en el hogar. Una computadora confiable con los programas de oficina adecuados puede incluso ayudar con una franquicia basada en ventas. También es una buena idea tener una conexión a Internet de alta velocidad. Esto es especialmente cierto si planeas trabajar como freelance o teletrabajador virtual.

Un teléfono Tener una línea telefónica dedicada al negocio es una gran idea. Aunque no quiera hacer esto al principio, considere por lo menos poner un teléfono en la oficina.

Impresora/fax/escáner Para mantener los costes bajos, una unidad combinada puede funcionar muy bien.

Un planificador. Vas a hacer mucho malabarismo. Para mantenerse al día con todo esto, es inteligente tener un calendario o planificador que le ayude a programar sus días.

Suministros básicos No olvide abastecerse de otros suministros que pueda necesitar, como bolígrafos, papel, libros de registro, archivos, facturas, tarjetas de visita, etc.

Establecer una oficina en casa es una muy buena idea para darte el espacio que necesitas para hacer tu trabajo. Incluso una configuración muy básica puede ayudar tremendamente.

El camino hacia el éxito

A menos que usted haya decidido trabajar a distancia para una compañía, hay algunas cosas que usted va a querer hacer para ponerse en el camino del éxito. Seleccionar un campo de negocios a seguir, establecer una oficina en casa e incluso obtener un poco de capacitación no será suficiente para construir una lista de clientes y mantenerlos regresando por más.

Ya sea que tenga la intención de abrir una franquicia de ventas o de trabajar como autónomo para un empleador contratado, hay varios otros movimientos que necesita hacer para empezar bien. La publicidad, el establecimiento de contactos y la construcción y protección de su reputación se convertirán en consideraciones importantes una vez que usted se sumerja en el trabajo en casa.

✓ POR QUÉ ES IMPORTANTE LA PUBLICIDAD

El hecho de que usted haya decidido hacer negocios por su cuenta no significa que los clientes comenzarán a llamar a su puerta. La publicidad es esencial para las franquicias, las ventas en el territorio, las ventas en línea e incluso para los autónomos. La gente simplemente tiene que saber quién eres y qué ofreces antes de interesarse por tus productos o servicios. Colgar un cartel no es suficiente.

Entonces, ¿cómo puede obtener la información que necesita sobre su nuevo negocio en el hogar? Estos modos de publicidad pueden ayudar a la gente a conocerlo a usted y a su negocio:

Imprimir Dependiendo de lo que vaya a hacer, la publicidad impresa puede ser una buena forma de hacerlo. Si usted planea vender productos en un área en particular, por ejemplo, los periódicos locales pueden hacer maravillas. Si desea ofrecer sus servicios como asistente virtual para pequeñas empresas, las revistas especializadas pueden darle un impulso.

Publicidad en línea El pago por clic y otros anuncios en línea impulsados por motores de búsqueda pueden funcionar muy bien para conseguir que los sitios de ventas en línea, los nombres de los trabajadores independientes y mucho más en circulación en la Web. También puede ser una muy buena idea establecer su propio sitio incluso para un negocio altamente localizado.

Publicidad gratuita Una de las mejores maneras de obtener al menos un impulso inicial es disfrutar de los beneficios de la publicidad gratuita. Si está abriendo una franquicia o un negocio de ventas de territorio en su comunidad, envíe un comunicado de prensa a los medios de comunicación locales. Si va a hacer negocios en línea, considere la posibilidad de escribir en un blog sobre su experiencia o campo para generar tráfico a su sitio web. También puede escribir columnas de invitados para otros, aceptar ser entrevistado por un escritor en línea o emitir comunicados de prensa basados en la Web para decir quién es usted y qué hace.

Otras formas de publicidad La televisión, el correo directo, la radio y otras herramientas de publicidad pueden funcionar bien, dependiendo de su presupuesto y del tipo de negocio en el que se encuentre. Considere sus opciones cuidadosamente, sin embargo, ya que estos modos para hacer correr la voz podrían costar más de lo que usted desea pagar como inicio.

Abrir un negocio no es suficiente para asegurar el éxito. Una vez que esté listo para comenzar, su base de clientes potenciales necesitará saber acerca de usted. La publicidad es imprescindible para impulsar el tráfico y los negocios a su manera.

✓ *LOS PROPOSITOS DE LA CREACIÓN DE REDES*

El trabajo en red es realmente otra forma de publicidad, pero es una que puede ser bastante asequible y efectiva. Cuando te pones en contacto, básicamente te estás convirtiendo en el mejor vendedor de tu negocio. Además, esto puede sacarte de la casa haciendo algo muy importante para construir tus ventas y reputación.

Las opciones para la creación de redes son un poco más extensas de lo que mucha gente cree. Algunas oportunidades que podrían valer la pena explorar incluyen:

Cámaras de comercio Las cámaras de comercio locales ofrecen una excelente plataforma para que cualquier persona que venda un producto o servicio pueda correr la voz. Mientras que las cámaras pueden consumir un poco de tiempo en el gran esquema de las cosas, ofrecen una capacitación valiosa a cambio de los costos de membresía y pueden ayudar a los dueños de negocios y a los trabajadores independientes a disfrutar de una manera de convertirse en una parte valiosa de una comunidad.

Grupos de trabajo en red Muchas comunidades tienen sus propios grupos de trabajo en red que ofrecen menos en la forma de programas y más en el tiempo cara a cara con otros dueños de negocios que podrían estar en busca de productos o servicios. Los grupos de trabajo en red pueden reunirse semanal, mensual o trimestralmente. En algunas áreas, usted encontrará grupos generales de trabajo en red e incluso aquellos orientados a trabajar con las madres de familia.

Opciones en línea Si tiene la intención de vender productos en línea o desea trabajar como un profesional independiente de entrada de datos, encontrará que el establecimiento de contactos en la Web puede ser muy importante para su éxito. Para correr la voz sobre lo que haces, considera la posibilidad de unirte a grupos de contactos en línea, escribir artículos de invitados o de expertos para sitios web, etc. El lanzamiento de un blog para autopromociones también puede funcionar muy bien para el tráfico y el interés de su camino. El uso de los sitios de redes sociales también puede ser una forma interesante y eficaz de crear un rumor sobre su negocio.

Patrocinios Lanzar una franquicia de ventas en una comunidad local y comenzar el primer día con el patrocinio de un evento, equipo deportivo o algo similar puede difundir la buena voluntad al instante. Los patrocinios no tienen que ser necesariamente costosos para ser eficaces. Si usted está entrando en un negocio en línea, sus opciones podrían ser limitadas.

El trabajo en red no sólo es un vehículo

publicitario vital para su negocio, sino que también puede servir como una buena "distracción" para usted. Como una mamá que trabaja en casa, usted encontrará que salir y promover su negocio es divertido, gratificante y ofrece un cambio de ritmo muy agradable.

Abrir un negocio sin que nadie sepa que estás ahí no es inteligente. Hay una variedad de maneras en las que puedes hacer correr la voz sobre quién eres y qué haces. Para aprovechar al máximo el marketing, considere la posibilidad de adoptar un enfoque multifacético.

✓ *LA REPUTACIÓN LO ES TODO*

No importa si planeas vender productos en fiestas en casa, si vas a abrir una franquicia o si el trabajo por contrato es tu especialidad, necesitarás proteger tu reputación celosamente. Construir una buena reputación y los beneficios de hacerlo tendrá un impacto muy positivo en el éxito de su negocio.

Su reputación puede impactar su negocio y sus referencias. Si usted construye grandes relaciones con los clientes, su negocio típicamente tendrá éxito. Si no lo hace, es posible que se caiga.

Para asegurarse de que su reputación es estelar, asegúrese de hacerlo:

Mantenga su palabra Sólo prometa lo que puede cumplir y haga exactamente eso. Esto le ayudará a crear confianza con los clientes. A su vez, puede conducir a la repetición de negocios y publicidad boca a boca para sus productos o servicios.

Tratar a los clientes con respeto El servicio al cliente es la clave para construir relaciones comerciales duraderas. Trate a los clientes potenciales con respeto y cortesía y esto dará sus frutos.

Asegúrese de que los productos o

servicios estén a la par. Aunque su profesionalismo le ayudará a comenzar con el pie derecho, son sus productos o servicios los que continuarán vendiendo su negocio. Asegúrese de que ofrecen calidad y valor y los clientes seguirán volviendo.

Las madres de familia pueden establecer negocios lucrativos y exitosos. Si usted toma las medidas correctas para planificar su empresa, difundir la información y prestar servicios, sus esfuerzos deberían valer la pena.

¿Y mis beneficios? ¿donde están?

Su tarea está hecha, ha seleccionado su negocio y está listo para ir a toda máquina. Justo cuando usted piensa que lo tiene todo planeado, un amigo le pregunta cómo compensará esos valiosos beneficios que su empleador actual le proporciona.

Entonces, *¿cómo respondes? ¿Puedes llenar los huecos?*

Lo más probable es que pueda cubrirse adecuadamente. Desde el seguro de salud y la jubilación hasta el ahorro, usted encontrará que a menudo es posible recrear aproximadamente el mismo tipo de cobertura que disfrutó como empleado de tiempo completo en la carrera de ratas. El enfoque correcto a tomar dependerá de sus circunstancias personales.

> ➢ *OBTENER UN SEGURO*

Si la cobertura médica, dental y de la vista son preocupaciones, las madres que trabajan en casa generalmente tienen opciones disponibles para ellas. Asegurarse de que su familia esté cubierta debe ser, por supuesto, una gran prioridad. Estas son las opciones más comunes abiertas para los trabajadores a domicilio:

Si su cónyuge puede obtener un seguro en el trabajo que cubra a toda la familia, esto puede resolver el problema por completo. También hay algunos beneficios al seguir esta ruta. Aunque las pólizas de seguros privados se pueden tener y no son tan costosas como muchos piensan, tienden a ser bastante limitadas en cobertura. Los PPOs y HMOs de los empleadores cubrirán más y por lo general sin exclusiones.

A menos que haya condiciones preexistentes importantes con las que lidiar, es posible comprar pólizas privadas tipo HMO y PPO para cubrir a la familia.

Busque cuidadosamente la cobertura y los costos no deberían quebrar el banco. Esté consciente de las limitaciones de cada política en particular que vea. Las políticas que no son de grupo tienden a tener muchas restricciones y "letra pequeña" que deben ser consideradas de cerca.

Grupo Si su nueva empresa en el hogar empleará a más personas que sólo usted, es posible que pueda calificar para la cobertura de seguro de grupo. Esto significa que tendrá acceso al mismo tipo de opciones de cobertura que le proporcionaría un empleador. El Los costos de esto pueden variar enormemente, pero puede valer la pena considerar si tiene trabajadores y toda una familia que cubrir.

El seguro es simplemente un obstáculo que se interpone en el camino del autoempleo. Explore sus opciones detenidamente y podrá encontrar una solución que funcione. Tenga en cuenta que los costos pueden variar mucho. Vale la pena revisar todas las avenidas y elegir una ruta final que proporcione la mejor cobertura para la inversión más baja posible.

➤ *¿Y TU JUBILACIÓN?*

Aunque el seguro es una gran consideración, tampoco debe olvidarse del futuro. Si va a dejar un empleo que ofrece beneficios de jubilación o vehículos de ahorro, querrá encontrar maneras de duplicar o incluso mejorar las herramientas que tiene a su disposición. Usted puede perder ese partido corporativo por volar solo, pero puede asegurarse de ahorrar para su jubilación como trabajador autónomo.

Algunas de las opciones disponibles para ayudar a las madres de casa a guardar los huevos de nido para sus años dorados incluyen:

Estas cuentas de ahorro para la jubilación pueden ayudarle a proteger sus ahorros de los impuestos mientras construye para el futuro. Las cuentas IRA tienen limitaciones de contribución, pero pueden ser una herramienta valiosa para usar como parte de un plan de jubilación general.

401ks Este es otro vehículo para los ahorros de jubilación. El problema con los 401ks es que tienden a estar vinculados a la bolsa de valores, lo que significa que pueden hacer frente a altibajos dramáticos. Puede que no sea inteligente usar un 401k como la única opción, pero pueden servir como una buena tabla en un plan.

Bonos Aunque las ganancias de estos no son necesariamente dramáticas, pueden resultar ser inversiones bastante sólidas. Los bonos federales y municipales pueden ser recompensados con buenas recompensas a largo plazo.

Acciones Tenga cuidado al utilizar una cartera como única opción debido a los posibles altibajos. Aún así, es una tabla que vale la pena tener en cuenta.

Otras inversiones El oro, los bienes inmuebles y otras inversiones tangibles pueden considerarse parte de un paquete de inversiones a largo plazo.

Una de las desventajas potenciales de trabajar en casa es la falta de fondos para la jubilación. Usted puede superar este obstáculo si planifica cuidadosamente y se asegura de guardar para su futuro.

➤ *CADA CENTAVO CUENTA*

Los ahorros para la jubilación son importantes, pero también lo son los ahorros a corto plazo. Si usted planea ayudar a alimentar el estilo de vida de su familia o incluso financiarlo por completo, guardar dinero en efectivo para un día lluvioso es algo muy inteligente que hacer. Esta es también una gran manera de prepararse para los tiempos de inactividad que pueden ocurrir con cualquier negocio.

Algunas de las opciones que vale la

pena explorar en el frente del ahorro, muchas de las cuales se mencionan para las inversiones de jubilación. Las acciones, bonos y otras inversiones pueden dar sus frutos.

Para un ahorro más sencillo, puede considerar cosas como:

Ahorros tradicionales Abra una cuenta de ahorros y comience a guardar una cantidad fija cada semana, cada dos semanas o cada mes. Sigue con ello y tus ahorros se irán acumulando con el tiempo.

Cuentas del mercado monetario Si desea ganar un poco más de interés en su dinero, estas pueden funcionar muy bien. Funcionan como las cuentas de ahorro o de cheques normales, pero devengan una mayor cantidad de intereses.

Ganarse la vida como una buena madre de casa es ciertamente posible, pero puede no ser suficiente para cubrir sus bases a largo plazo. Si desea proteger sus ingresos, su salud y su futuro, es muy prudente hacer adaptaciones para el seguro, la jubilación y los ahorros estándar.

Conclusión: ¿Cómo manejar todo y no caer en el intento?

Si crees que trabajar en casa será "más fácil" que cualquier otra opción disponible para ti, lo más probable es que te estés engañando a ti mismo. Es diferente, más conveniente, inmensamente gratificante, pero no necesariamente un paseo por el parque. Usted puede aprender a manejarlo todo y sobresalir en su vida personal y profesional.

Para asegurarse de que hace malabares con sus responsabilidades laborales, familiares y domésticas con la mayor facilidad, puede ser útil considerar los siguientes consejos, técnicas y estrategias para hacerlo todo:

Fije sus horas Este consejo en particular no puede ser enfatizado lo suficiente. Si usted planea trabajar un día completo de ocho horas desde la mañana hasta la tarde o si tiene la intención de trabajar en la noche después de que los niños se acuestan, fije su horario y trate de seguir con ellos.

Aproveche el tiempo de inactividad Si tiene algún tiempo de inactividad durante las horas establecidas, aproveche para hacer otras cosas en su plato. Haz algunas tareas domésticas, pasa el rato con los niños, prepara la cena o simplemente relájate un poco.

Sea realista Incluso trabajando en casa, es muy probable que no sea capaz de manejarlo todo todos los días dentro y fuera. Dese permiso para dejar que la casa se vaya un poco a favor de conseguir un gran contrato o de ganar tiempo suficiente para llevar a los niños al parque. Prioriza lo que es realmente importante y tu acto de malabarismo funcionará.

Sea paciente Si nunca ha trabajado en

casa antes con niños corriendo por ahí, está a punto de embarcarse en un ejercicio de paciencia. Es muy probable que sus hijos no entiendan inicialmente que no pueden interrumpirlo cada cinco minutos. Tendrás que aprender el fino arte del compromiso e incluso cómo ser firme y cariñoso para lograr esto. Con un poco de esfuerzo, puedes evitar herir pequeños egos.

Lanzarse a un negocio de quedarse en casa puede hacer que algunas cosas en la vida sean mucho más fáciles. También puede presentar una nueva serie de desafíos. Esté preparado para priorizar lo que importa y comprometerse en puntos que no son tan importantes. Si haces estas cosas, puedes hacer malabares con todo y mantener tu negocio en marcha, tu cordura intacta y tu familia en plena forma.

> ### ➤ *ALGUNAS PALABRAS DE DESPEDIDA*

Elegir ser una mamá que trabaja en casa puede ser una de las mejores decisiones que usted tomará en su vida. Con un poco de planificación, paciencia y esfuerzo, usted puede pasar más tiempo con su familia mientras se gana la vida en el proceso.

Si bien trabajar en casa puede ser un gran desafío, las recompensas pueden valer la pena. Para asegurarse de que tiene sus bases cubiertas antes de sumergirse en esta decisión, no olvide hacerlo:

No importa si vas a teletrabajar para un empleador de tiempo completo o si vas a poner en marcha tu propio negocio, trabajar en casa no es para todo el mundo. Asegúrese de explorar realmente los posibles altibajos de la decisión. Está bien decidir que esta opción no es para ti.

Seleccione el campo derecho Usted no tiene que tener un título de Ivy League para hacer una carrera increíblemente exitosa como una madre de casa. Sin embargo, usted necesita escoger la oportunidad de carrera que mejor se adapte a sus intereses y a las habilidades que tiene o puede obtener. Asegúrate de que la empresa que planeas emprender realmente mantenga tu interés.

Si tu familia no está detrás de la decisión, podrías tener un comienzo difícil. Tenga discusiones francas y abiertas sobre lo que espera hacer y lo que eso significa para toda la familia. Tenerlo en casa más probablemente valdrá la pena cualquier sacrificio que otros miembros de la familia puedan tener que hacer.

Establezca sus parámetros Establezca una oficina en casa, establezca las horas de trabajo y prepárese para comenzar con el pie derecho. Hacer estas cosas puede ayudarle a construir y mantener una imagen profesional incluso si usted está limpiando la baba de su camisa mientras habla con un cliente por teléfono! La mejor parte es que el cliente no podrá ver lo que estás haciendo!

Si no vas a trabajar para otra persona a tiempo completo, asegúrate de correr la voz sobre tu empresa. No deje de informar a sus amigos, familiares y compañeros de trabajo. Preste atención a la publicidad, el establecimiento de contactos y otras opciones viables para atraer a la clientela. Continuar cultivando la publicidad oportunidades de negocio después de su lanzamiento para mantener su empresa en el ojo del público.

Cubre tus bases No pases por alto la importancia de los seguros, los ahorros para la jubilación y un fondo para los días de lluvia. Planee con anticipación cómo manejar estas cosas y guardarlas para emergencias y el futuro se convertirá en un hábito con el que toda su familia pueda vivir.

Relájese Trabajar en casa es un acto de malabarismo. No hay forma de negar eso. Algunos días serán mejores que otros.

Sólo relájate y haz lo mejor que puedas todos los días. Si sudas las cosas pequeñas, te volverás loco.

Convertirse en una madre de hogar es una manera increíble de combinar el trabajo más importante de su vida con el segundo más importante. Si planeas cuidadosamente y te preparas para algunos altibajos a lo largo del camino, las recompensas de salir del mundo del día a día para permanecer en casa se acumularán rápidamente y seguirán llegando.

Sólo recuerde que todo no sucederá de la noche a la mañana y que tomará tiempo antes de que usted vea un cambio en su vida para mejor.

Ahora sí, te deseo lo mejor en tus resultados, y recuerda, todo es práctica; no te sirve de nada la teoría sin acción. Lleva a la vida real todo lo que aprendes.

Un fuerte abrazo, tu amiga, Jessy!

Ahora quiero decirte que tengo un regalo para ti... Quiero compartir contigo un curso que en verdad me ha ayudado mucho en mis comienzos, este curso es de "Daniel Alejandro" un gran amigo mio:

- (puedes escanear este código)

Por cierto, cuando logres conseguir tus resultados poco a poco, te recomiendo mucho, si deseas aprender mucho más acerca de métodos de ganar dinero, el libro de un gran autor del que aprendo mucho, sobre "ESTRATEGIAS SECRETAS

PARA GANAR MUCHO DINERO EN EL NEGOCIO DE MULTINIVEL", es un libro que estoy segura de que te ayudara mucho en tu camino de la "libertad financiera".

Sin más dilación, puedes encontrarlo en el buscador de Amazon, como: "Estrategias secretas para ganar mucho dinero en el negocio de multinivel" ó buscando su nombre, como: "Gaston Echevarria"... Una vez más te deseo éxito en tus resultados!

www.ingramcontent.com/pod-product-compliance
Lightning Source LLC
Chambersburg PA
CBHW072201170526
45158CB00004BB/1728